D1273663

Las estaciones

John Burningham

Kókinos

FREEPORT MEMORIAL LIBRARY

Para Willie

Publicado por primera vez por Jonathan Cape London
© 1969 John Burningham
© De esta edición, Editorial Kókinos, 1997
Sagasta, 30. 28004 Madrid
Tel. y fax: 593 42 04
Printed in Singapore
ISBN: 84-88342-14-4

La primavera es…

pájaros haciendo sus nidos,

cerdos que escarban en la tierra,

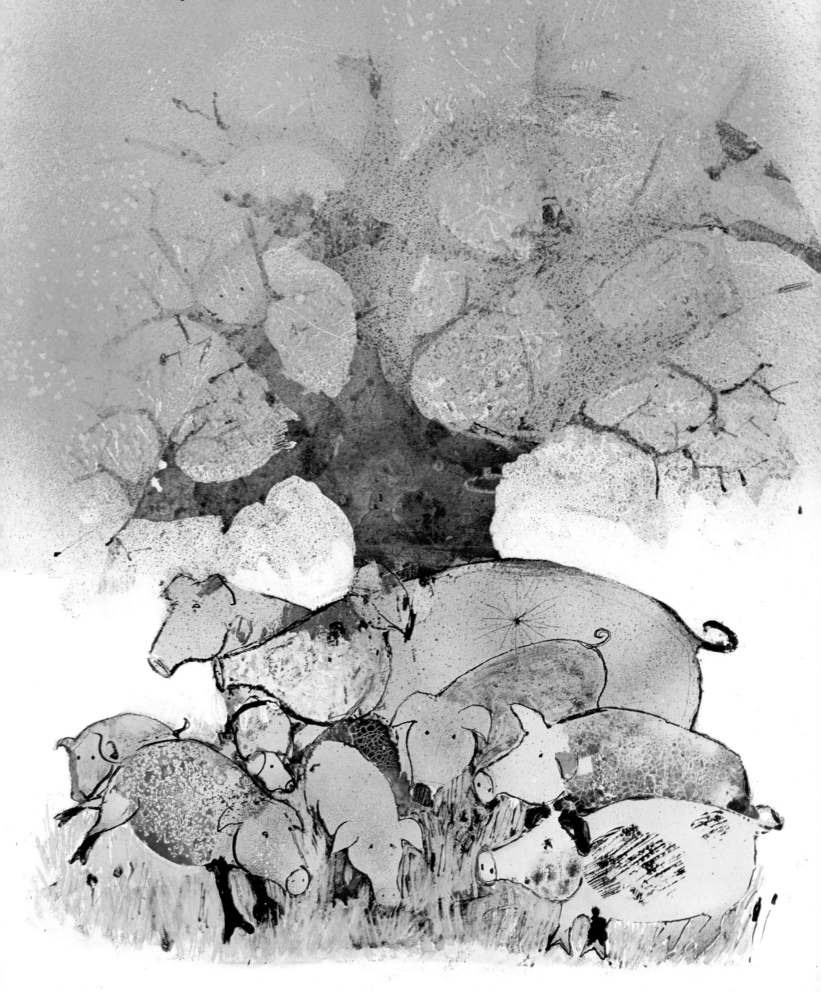

corderos jugando,

el chapoteo de los patos

y flores.

El verano es…

el grano que madura,

las vacaciones,

el zumbido de los insectos,

olas de calor

y tormentas.

El otoño es...

hojas revoloteando al viento,

las ardillas acumulando provisiones,

tractores arando,

hogueras,
aves que emprenden el vuelo

y noches más largas.

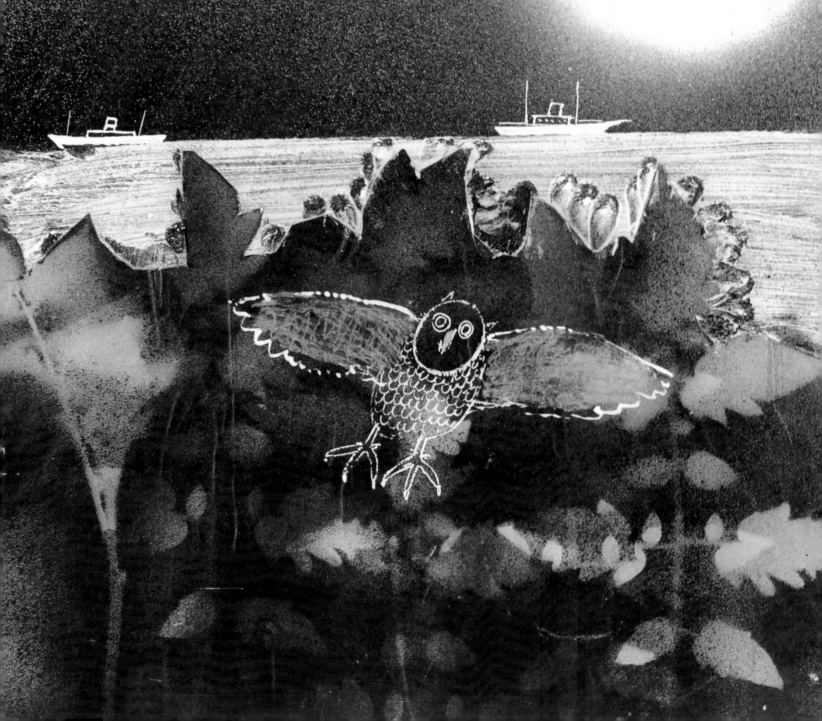

El invierno es…

días de niebla,

frías noches,

hielo y nieve

y lluvia sin fin.

Entonces viene la primavera.

DISCARDED BY
FREEPORT
MEMORIAL LIBRARY